우리 집은 자연박물관

글쓴이 데이비드 스즈키 그린이 유진 페르난데스 옮긴이 노경실

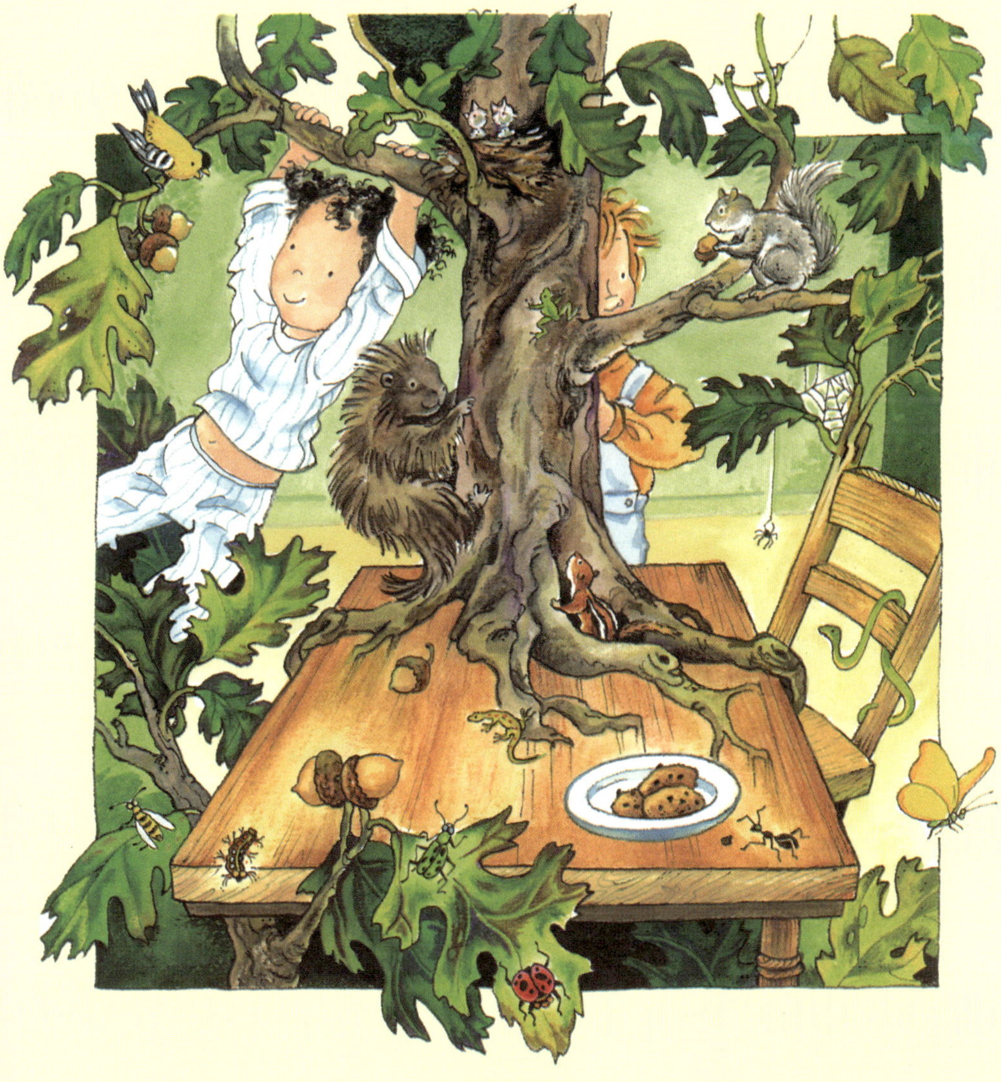

고래이야기

THERE'S A BARNYARD IN MY BEDROOM

by David Suzuki with art by Eugenie Fernandes
Copyright © 2008 by David Suzuki and Eugenie Fernandes.
All rights reserved.
This Korean edition was published by Whale Story Publishing Co. in 2010 by arrangement with Greystone Books an imprint of D & M Publishers Inc. through KCC(Korea Copyright Center Inc.), Seoul.

이 책은 (주)한국저작권센터(KCC)를 통한 저작권자와의 독점계약으로 고래이야기에서 출간되었습니다.
저작권법에 의해 한국 내에서 보호를 받는 저작물이므로 무단전재와 복제를 금합니다.

우리 집은 자연박물관

지은이 데이비드 스즈키, 유진 페르난데스 **옮긴이** 노경실 **펴낸이** 강이경 **펴낸곳** 고래이야기
초판1쇄 발행 2010년 9월 10일 **초판4쇄 발행** 2014년 10월 30일
주소 서울시 마포구 어울마당로 112-6 3층 **등록** 제2014-0002333호(2006년 8월 29일)
전화 02) 2634-7864 **팩스** 02) 2634-7865 **ISBN** 978-89-91941-22-9 77740

* 잘못된 책은 구입하신 서점에서 바꾸어 드립니다.
* 책값은 뒤표지에 있습니다.

집 안에서 떠나는 자연 탐험

"제이미, 어서 일어나! 토요일이야.
아빠랑 자연 관찰 하러 가기로 약속했잖아!"
메건이 소리쳤습니다.
"응, 나도 알아."
제이미는 베개에 얼굴을 묻은 채 끙끙대며 대답했습니다.
그런데 빗방울이 후드득거리며 창문을 때리는 소리가 들려왔습니다.
"아빠, 비 와요! 어떡해요?"

"괜찮아. 비가 와도 집에서 얼마든지 자연 관찰 여행을 할 수 있단다."
아빠가 메건을 달랬습니다.
제이미가 눈을 번쩍 뜨면서 물었습니다.
"집 안에서도 여행을 할 수 있어요?"
"그럼. 지금 이 자리에서 여행을 떠나 보자.
얘들아, 너희 침대보와 담요는 무엇으로 만든 건지 아니?"
"침대보는 목화솜으로 만들고, 담요는 양털로 만들어요.
목화솜은 목화에서 나오는 거죠?"
메건이 대답했습니다.
"잘 아는구나. 그럼 이번에는 베개 속에 뭐가 있는지 맞춰 볼까?"
"깃털이요! 오빠하고 베개싸움을 하면 깃털이 빠져나와서 날아다녀요.
그런데 베개 속에 든 깃털은 어디에서 나는 거예요?"
제이미가 물었습니다.
"대부분 오리나 거위 깃털인데, 닭털을 쓸 때도 있지. 자, 이제 부엌으로 가 보자."

"닭에게서 얻을 수 있는 게 또 뭐가 있을까?"
아빠의 물음에 메건이 얼른 대답했습니다.
"달걀이요! 그럼 치즈나 우유는 어디서……."
"젖소야! 그러니까 우리 냉장고가 농장이나 마찬가지야!"
제이미가 신이 나서 외쳤습니다.
"당근과 콩과 바나나는 밭에서 나와요."
메건이 지지 않으려고 말했습니다.
"우리가 먹는 건 다 동물이나 식물에서 나오는 거예요?"
제이미가 물었습니다.
"그래, 우리가 먹는 건 전부 자연에서 나오는 거야. 참, 그런데 너희 그거 알아? 우리 집에는 숲도 있단다. 어디 있는지 찾아볼까?"

"알아요! 마루와 의자는 숲에서 나오는 나무로 만든 거죠?"
제이미가 말했습니다.
"그래, 너희 옷장은 소나무로 만든 거야. 부엌에 있는 식탁은 참나무고."
"참나무에서는 도토리도 나와요."
메건이 말했습니다.
"그럼 저 식탁이 참나무였을 때에는 다람쥐들이 뛰어다녔겠네?"
제이미가 거들었어요.
"당연히 그랬겠지. 새와 벌레들도 살았을 거야."
아빠가 말했습니다.

"아빠, 이 액자도 나무로 만든 거죠?"
메건이 물었습니다.
"그 나무는 늘 덥고 비가 많이 내리는 아주 먼 나라에서 온 거야. 마호가니라는 나무인데, 그런 나무들이 자라나는 열대우림이 점점 사라지고 있단다. 어린나무들이 자라서 숲을 이룰 틈도 주지 않고 마구 베어내기 때문이지."
"종이도 나무로 만들죠?"
"그렇지! 우리 집에 있는 책이랑 신문이랑 잡지들도 나무로 만들지."
"종이도 재활용하면 나무를 아낄 수 있겠네요?
그리고 나무를 여러 번 다시 사용할 수도 있겠고요."
"좋은 생각이구나. 나무를 한꺼번에 너무 많이 써 버리지 않는다면 앞으로도 계속해서 나무로 이런저런 물건을 만들 수 있지."

"이제 어디로 갈까요?"

"이번에는 중국으로 가자."

"중국이요? 중국은 지구 반대편에 있잖아요?"

메건이 웃으며 물었습니다.

"아니, 바로 우리 집 안에도 중국이 있지. 따라와 보렴."

세 사람은 안방으로 갔습니다.

"엄마가 입은 잠옷은 중국에서 가져온 비단으로 만든 거야. 누에가 만든 고치에서 실을 뽑아 비단을 만들지."

"스펀지도 동물이 만들어 낸 거예요?"

제이미가 목욕탕으로 들어가며 물었습니다.

"요즘에는 공장에서 만든 스펀지를 쓰지만, 예전에는 주로 해면을 햇볕에 말려서 썼지. 해면은 바다 밑에 사는 동물이란다."
"자연에서 얻는 물건이 정말로 많네요."
"얘들아, 자연에서 나오지 않는 것도 있을까?"
"플라스틱이요! 그런데 플라스틱이 열리는 나무도 있을까?"
제이미가 중얼거렸습니다.

아빠가 껄껄 웃었습니다.

"제이미, 플라스틱은 석유로 만드는 거야.

그런데 석유와 가스와 석탄은 수백만 년 전에 살던 식물에서 나오지.

옛날에 살던 식물들이 오랫동안 땅속에 묻혀 있다가

석유나 가스나 석탄으로 변하는 거란다."

"그러면 내 볼펜의 플라스틱이 옛날에는 공룡이 우적우적 씹어 먹던

나무였을까요?"

제이미가 신기하다는 듯이 물었습니다.

"그랬을지도 모르지."

아빠는 고개를 끄덕였습니다.

"그러면 세상 모든 게 자연에서 나오는 거예요?"
제이미가 물었습니다.
"그래, 자연에서 나오지 않은 건 하나도 없단다.
창문 유리는 모래로, 이 접시들은 흙으로 만들지.
숟가락은 철광석에서 나오는 쇠로 만든 거야.
우리가 어디에 있든 자연이 우리를 둘러싸고 있는 셈이지."
"와, 오늘은 온 세상을 돌아다니고 수백만 년 전으로
돌아가 보기도 한 거네."
메건이 말했습니다.
"그래, 맞아. 다음번엔 어디로 여행을 떠나게 될까?
정말 궁금해."
제이미가 말했습니다.

공기 따라 떠나는 지구 탐험

"이제 날씨가 따뜻해서 수영해도 되겠어요!"
제이미가 신이 나서 외쳤습니다.
엄마는 발가락을 물에 살짝 담갔다가 얼른 뺐습니다.
"어휴, 나는 너무 차가워서 못 들어가겠는걸."
"난 괜찮아요. 물에 들어가서 물고기 구경할래요."
제이미가 말했습니다.
"나도 갈 거야!"
메건이 소리쳤습니다.

"메건, 아직 감기가 다 낫지 않았잖니. 물속에 들어가지 않는 게 좋겠어."
엄마가 말렸습니다.
"수영을 안 하면 심심하잖아요."
"물 밖에도 재미있는 구경거리가 있단다. 공기가 움직이는 모습을 보렴."
"공기를 보라고요? 아무것도 안 보이는데요?"
"메건, 지금 바람이 불지? 바람은 공기가 움직일 때 생기는 거야.
공기를 눈으로 볼 수 있다면 어떤 모습일까?"
"음…… 하늘은 바다가 되고,
새들이 그 속에서 물고기처럼 헤엄을 치는 모습일 거예요!"
"멋진 상상이야! 맞아, 공기가 새들을 위로 밀어 올리지. 비행기도 마찬가지야.
돛단배를 밀고 풍차를 돌리고 나뭇가지를 휘게 하는 것도 공기의 힘이란다."
"햇빛 가리개도 훔쳐가요!"
메건이 소리쳤습니다.

"어휴, 숨차!"

메건이 바람에 날려갔던 가리개를 겨우 찾아 들고 돌아왔습니다.

"달리기를 할 때에는 몸속으로 공기를 더 많이 받아들여야 하니까 숨이 가빠지는 거야. 그런데 가만히 앉아 있거나 잠을 잘 때에도 숨을 쉬지. 공기가 없으면 사람은 살 수 없단다."

"식물도 공기가 있어야 살 수 있대요. 학교에서 배웠어요. 공기에는 여러 가지 기체가 섞여 있어요. 식물은 이산화탄소를 마시고 산소를 내뿜고, 동물은 산소를 마시고 이산화탄소를 내뿜는대요. 식물과 동물이 이렇게 서로 돕는 게 정말 멋져요!"

메건이 뽐내듯이 말했습니다.

"와! 메건, 대단하구나!"

엄마가 칭찬해 주었습니다.

"물고기는 물속에서 어떻게 숨을 쉬어요?"
"물고기는 아가미로 물에 녹아 있는 산소를 마시지."
"그런데 우리가 공기를 다 써 버리면 새 공기는 어디서 나와요?"

"숨을 쉰다고 해서 공기를 다 써 버리는 건 아니야.
같은 공기를 계속 쓰는 거지.
공기 속에 든 기체들이 서로 자리를 바꾸는 것뿐이란다.
우리는 식물이랑 다른 동물과 공기를 나누어 쓰는 거야.
식물이 내뿜은 공기를 우리가 마시고,
우리가 내뿜은 공기를 식물이 마시지."

"엄마, 개는 왜 코를 킁킁거리면서 공기를 마시는 거예요?"
메건이 물었습니다.
"공기를 타고 날아오는 냄새를 맡으려는 거지."
"냄새가 어떻게 코로 들어와요?"
"냄새는 아주 작은 알갱이들인데, 너무 작아서 눈에 보이지 않는 거야.
개들은 어제 이 자리에 있었던 사람이나 동물의 냄새도 맡을 수 있단다.
어떤 동물들은 자기 냄새를 남겨서 그 자리가 자기 땅이라는 걸
다른 동물들에게 알리기도 해. 아주 고약한 냄새를 남기는 녀석들도 있지."

"꽃 냄새가 참 좋아요."
메건이 꽃송이에 코를 들이대고 말했습니다.
"정말 그렇구나. 벌도 꽃 냄새를 맡을 수 있단다.
벌들은 꽃 속에 있는 꿀을 얻으러 돌아다니면서 꽃가루를 나르는 일도 해.
벌들이 꽃가루를 날라 주어야 우리가 먹는 열매들이 생기는 거야."
"그렇구나! 공기 속에는 또 뭐가 있어요?"
"소리가 있잖니. 들어 보렴. 무슨 소리가 들리니?"
"새 소리, 제이미가 웃는 소리, 개구리 소리도 들려요."
"그런 소리들을 들을 수 있는 건 물결이 퍼져 나가는 것처럼
 공기가 떨리면서 퍼져 나가기 때문이야."

"공기 속에 물이 있다는 건 알지?"
엄마가 물었습니다.
"네. 구름 속에 많이 있어요. 눈이나 비도 구름이 만들어요.
엄마, 구름 좀 보세요. 아까보다 훨씬 많아졌어요."
"그래, 따뜻한 공기가 구름을 몰고 오는 거야.
그런 공기가 먼 남쪽나라에서 올 때도 있지."

"그러면 우리가 아마존에 있는 숲이나 아프리카에서 온 공기를 마실 때도 있겠네요?"
"그렇지. 공기는 아주 멀리까지 움직이거든. 구름도 마찬가지야.
구름은 물이 공기와 섞여 하늘로 떠올라서 생기는 거야.
그러니까 저 구름 속에 있는 물은 지구 반대쪽에 있는 바다에서
바람을 타고 날아왔을지도 몰라."

"그럼 공기가 달나라까지 흘러갈 수도 있나요?"
메건이 물었습니다.
"아니, 공기는 지구에서 가까운 하늘 아래에 갇혀 있단다.
높이 올라갈수록 공기는 점점 엷어지지.
더 높이 올라가면 오존이라는 기체가 지구를 둘러싼 곳이 나와.
오존은 지구로 오는 햇빛에 섞여 있는, 몸에 해로운 빛을 걸러 주지.
오존층 바깥쪽에는 공기가 없어."
"아하! 그래서 우주인들이 산소통을 메는 거군요?"
"그래, 공기가 없으면 숨을 쉴 수 없거든."

"비가 올 것 같네. 얘들아, 이리 와! 집에 가야겠다!"
엄마가 외쳤습니다.
"오늘은 정말 재미있었어요.
작은 물고기들도 보고, 물 위에서 노는 오리들도 보고요."
제이미가 말했습니다.
"우리도 멋진 걸 봤어. 공기를 구경했거든!"
메건도 지지 않고 말했지요.
"말도 안 돼! 어떻게 공기를 구경해?"
제이미가 소리쳤습니다.
"구경할 수 있어. 상상 속에서는 뭐든지 할 수 있잖아."
메건이 대답했습니다.

뜰에서 떠나는 시간 여행

"제이미, 빨리 와! 엄마하고 아빠가 뜰에 씨를 뿌리고 계셔.
우리도 도와드리자."
메건이 말했습니다.
"뜰에서 일하는 건 재미없어.
다 자랄 때까지 기다리려면 너무 지겹잖아."
제이미가 투덜거렸습니다.
"제이미, 시간 여행을 떠나면 생각이 달라질걸?
재미있는 구경거리도 많단다."
엄마가 말했습니다.

"어떤 구경거리요?"
제이미가 물었습니다.
"여기 좀 봐. 땅이 움푹 파인 자리가 우리 뜰에서 이웃집 뜰로 이어져 있지?
수백 년 전에는 이곳에 냇물이 흘렀을 거야."
"그럼 옛날에는 우리 집 뜰에 물고기가 헤엄쳐 다니고
동물들이 물도 마시러 왔겠네요? 와, 동물들이 나타날 것 같아요."
제이미가 눈을 가늘게 뜨고 냇물이 흐르던 자리를 바라보며 말했습니다.

"더 옛날로 거슬러 올라가 볼까? 내가 방금 파낸 바윗돌을 보렴."
아빠가 말했습니다.
"아빠, 이 바윗돌은 어디에서 온 거예요?"
"지구에 사람이 살지 않았던 수백만 년 전에 화산에서
용암이 엄청나게 많이 흘러나왔지.
용암이 식어서 단단하게 굳으면서 이런 바위가 된 거야.
그러다가 갑자기 지구가 추워져서 온 세상이 얼음으로 덮여 버렸어.
그때를 빙하기라고 부르지. 빙하기에 낮은 곳으로 움직이던
커다란 얼음 덩어리들이 바위들을 먼 곳으로 끌고 내려갔단다.
그래서 바윗돌이 이곳까지 온 거야.
날씨가 풀리면서 얼음은 녹아 버리고 바윗돌만 남은 거지."
"그러면 얼음 덩어리가 녹지 않았을 때에는 우리 집 뜰에 북극곰도 살았어요?"
메건이 물었습니다.
"아니, 우리 집 뜰은 높은 빌딩보다 더 두꺼운 얼음 밑에 묻혀 있었을 거야."
"와! 우리 집 뜰에서 그렇게 엄청난 일이 벌어졌다니!"

"이쪽에도 재미있는 옛날 이야깃거리가 있구나."
엄마가 말했습니다.
메건이 고개를 갸웃거리며 물었습니다.
"흙밖에 안 보이는데요?"
"가까이 들여다보렴.
잔가지나 나뭇잎이 잔뜩 섞여 있는 거무스름한 흙이 많지만
고운 모래가 섞여 있는 흙도 조금 보이지? 흙과 모래는 나이가 다르단다."
아빠가 이어 말했습니다.
"모래는 오래된 바위가 부스러진 거야.
잔가지나 나뭇잎이 들어 있는 흙은 훨씬 나중에 생긴 거지.
우리가 먹다 남은 채소도 땅에 뿌려 주면 흙이 될 수 있어.
썩어서 더 작게 부서지려면 오래 걸리겠지만."

"작년에 내 친구 제니는 냇물이 흘렀던 곳에서 화살촉을 찾아냈어요."
메건이 말했습니다.
"옛날에 이곳에 살던 사람들은 돌을 다듬어서 화살촉을 만들었지. 물가에 사는 동물들을 사냥하러 왔던 모양이구나."
아빠가 말했지요.

"미래로 여행을 떠날 수도 있어요?"
메건이 물었습니다.
"그럼. 그러면 미래로 한번 가 볼까?
이 씨앗들이 다 자라나면 우리가 여름 내내 먹을 채소가 되지.
사과나무에 꽃이 한창이구나. 가을이 오면 사과를 따러 오자."
"저기 좀 보세요. 새가 둥지를 지어요.
몇 주만 지나면 아기 새들을 볼 수 있겠어요.
저기 다람쥐 집도 있어요."
"그래, 새도 다람쥐도 식구가 늘어나겠구나."

"수백 년이나 수천 년 뒤로 가 볼 수는 없을까요?"
메건이 물었습니다.
"그때에는 도시가 점점 커져서 주위가 고속도로와
높은 건물로 가득 찰지도 모르겠구나.
우리 집 뜰에 높은 건물이 들어설 수도 있지."
엄마가 말했지요.

"우리 집과 뜰에 숲이 우거져서 동물들이 돌아다닐지도 모르지."
아빠가 말했습니다.
"환경오염이 심해지면 어떡해요?"
메건이 물었습니다.
"우리가 조심하지 않으면 그렇게 될 수도 있어."
"앞으로 쓰레기는 줄이고 뜰을 열심히 가꿀래요."
"정말 좋은 생각이야."
아빠가 고개를 끄덕였습니다.

"좋은 생각이 떠올랐어!
나중에 우리처럼 시간 여행을 떠날 사람들에게 보여 줄 물건을 남기는 거야."
메건이 말했습니다.
"그래! 쇠로 만든 상자 속에 넣어서 뜰에 묻으면 되겠다!"
제이미도 신이 나서 소리쳤습니다.
"제이미, 유리병에 넣는 게 좋겠다. 녹슬지도 않고,
찾아낸 사람이 다시 쓸 수도 있잖니. 병 안에 뭘 넣을까?"
"동전을 넣을래요."
제이미가 말했습니다.
"나는 구슬과 반지를 넣을 거예요."
메건이 말했습니다.

"나는 오늘 신문에 나온 기사를 오려서 넣어야겠다."

엄마가 말했습니다.

"잠깐만 기다려!"

아빠는 재빨리 집으로 들어갔다가 조금 뒤 돌아왔습니다.

"나는 가족사진을 가져왔어."

아빠가 가져온 사진 아래에는 '시간 여행자들'이라고 쓰여 있었습니다.

"아빠와 자연 관찰을 하려다가 온 세상을 돌아다니고, 시간 여행까지 했으니 이제는 더 가 볼 곳이 없겠다는 생각이 들어요."

메건이 말했습니다.

"그렇지는 않아. 세상 어느 곳에 있더라도 자연에 둘러싸여 있다는 걸 알았잖니.

그러니까 네가 가 볼 곳은 얼마든지 있단다.

이제 겨우 첫 여행을 하고 돌아온 것뿐이야."

아빠가 활짝 웃으며 말했습니다.

알아봅시다

집 안에서 떠나는 자연 탐험

1) 이 장에 있는 그림들을 다시 살펴보고,
   그림에 보이는 물건들은 무엇으로 만들었는지 알아봅시다.

   예 : 3쪽에 보이는 창틀은 나무로 만듭니다.
   (다른 것들도 알고 싶으면 60쪽의 '자세히 살펴보기'를 보세요.)

2) 집 안팎을 둘러보며 어떤 물건이 눈에 띄는지,
   그 물건은 무엇으로 만들었고 어디에서 온 것인지 알아봅시다.

공기 따라 떠나는 지구 탐험

1) 그림을 보며 공기를 타고 날아다니는 것들이 더 있는지 찾아보고,
   그것들이 공기를 어떻게 이용하는지 알아봅시다.

   예 : 23쪽에 기구가 하늘로 올라가는 모습이 보입니다. 기구는 왜 떨어지지 않을까요?
   기구 안에는 뜨거운 공기가 가득 들어 있기 때문입니다. 기구 속에 든 뜨거운 공기는
   기구 밖에 있는 차가운 공기보다 가볍습니다. 그래서 기구는 하늘로 떠오르지요.
   (공기를 타고 날아다니는 것들에 대해 더 알고 싶으면 60쪽을 보세요.)

2) 주위를 둘러보며 공기를 마시고 살아가는 동물이나 식물이 있는지,
   공기를 이용하는 물건이 있는지 알아봅시다.
   예를 들면 화분에 심은 식물이나 선풍기가 있지요.
   여러분 공책에 그런 생물이나 물건을 적고, 그림·사진·글을 곁들여 넣어 봅시다.

뜰에서 떠나는 시간 여행

1) 그림들을 다시 잘 살펴보며 시간 여행을 떠나 봅시다.

   예 : 39쪽 그림을 보면 아빠의 손 위에 애벌레가 있습니다. 애벌레는 자라서 무엇이 될까요?
   이 책에 담긴 그림을 살펴보면 답을 알 수 있답니다.
   (과거나 미래에 대해 더 알아보고 싶다면 60쪽을 보세요.)

2) 엄마 아빠와 함께 먼 훗날에 시간 여행을 떠날 사람들에게 보여 줄 물건을 정해서 땅속에 묻어 봅시다.

낱말 익히기

가루받이 식물에 꽃가루를 묻혀 열매나 씨앗을 맺게 하는 일.
  벌이나 나비 같은 곤충들은 식물들의 꽃가루를 몸에 묻히고 날아다니며 가루받이를 돕는다.
더듬이 곤충의 머리에서 가늘고 길게 뻗어 나온 부분. 주위에 무엇이 있는지 알아차리거나 맛을 느낀다.
빙하 서서히 움직이는 커다란 얼음 덩어리.
빙하기 먼 옛날, 빙하가 지구를 뒤덮었던 때.
세균 너무 작아서 현미경으로 관찰해야 하는 생물.
  사람들에게 이로운 세균도 있지만, 병을 일으키는 세균도 있다.
아가미 물고기나 물속에 사는 동물들이 숨을 쉬기 위해 물에 녹아 있는 공기를 빨아들이는 곳.
열대우림 덥고 비가 많이 내리는 나라에 있는 숲. 잎이 넓은 풀이나 나무들이 산다.
용암 땅속의 열 때문에 녹아 있던 물질(마그마)이 땅 밖으로 흘러나온 것. 용암은 식으면 바위가 된다.
원주민 어떤 곳에 가장 먼저 살았던 사람들.
화산 땅속에 있던 용암을 뿜어내는 산.

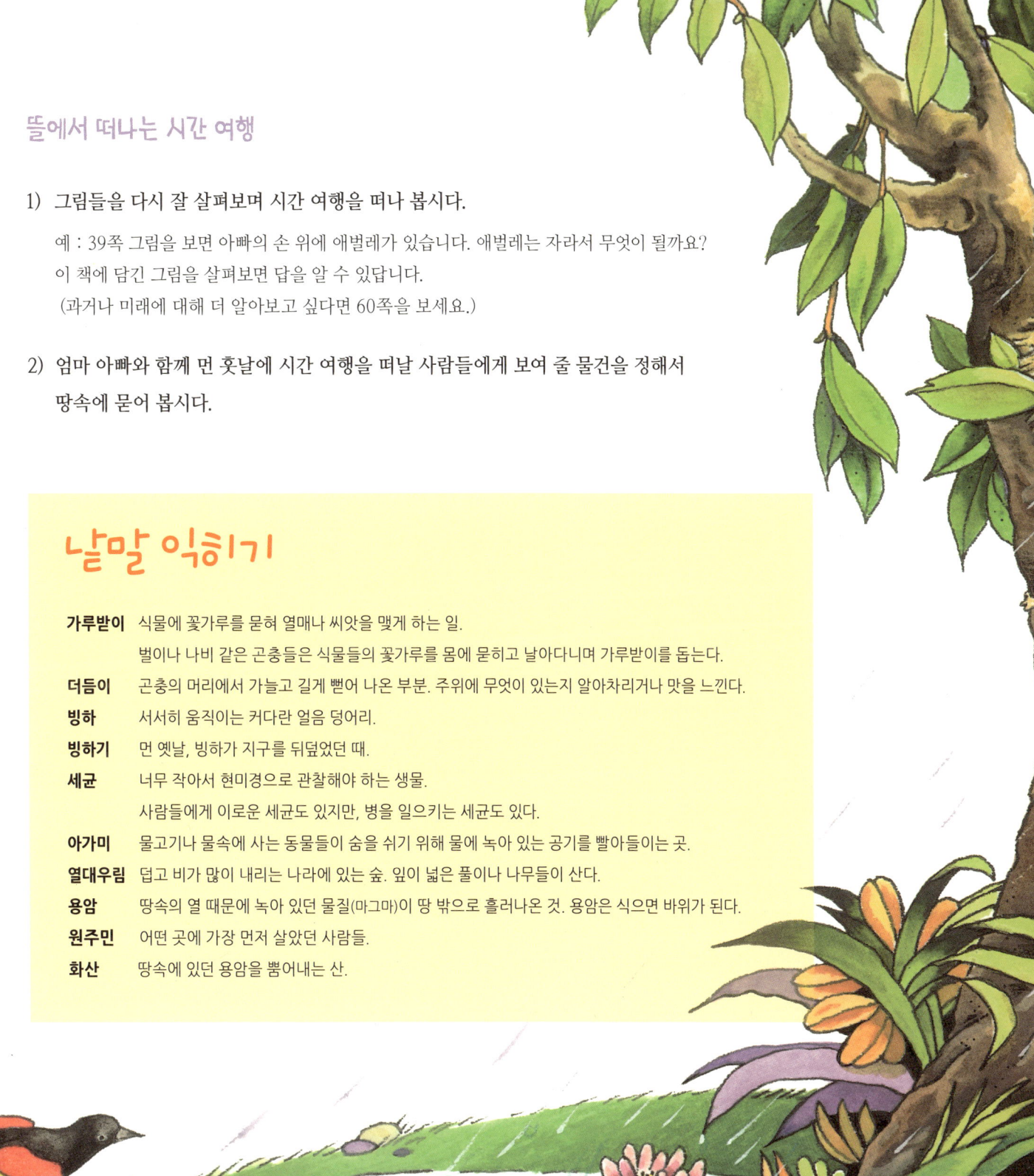

자세히 살펴보기

집 안에서 떠나는 자연 탐험

4~5쪽 곰 인형 속에 채워 넣은 솜은 목화의 씨앗을 둘러싸고 있던 목화 솜으로 만듭니다.

6~7쪽 냉장고는 쇠(철광석에서 뽑아냅니다)와 플라스틱(석유로 만듭니다)으로 만듭니다.

8~9쪽 동물들의 이름을 알아봅시다.

10~11쪽 표범, 거미원숭이, 큰부리새, 개미가 보입니다.
벌새는 어디에 있을까요?

13쪽 대나무로 만든 액자가 보이지요?
판다는 대나무 잎을 좋아한답니다.

14~15쪽 세면대는 흙을 구워서 만들어요.

16~17쪽 난방기는 열을 내서 공기를 데우고 전등은 전기로 빛을 만들어 냅니다. 열과 전기는 석유, 가스, 석탄을 태워서 만들지요.
커다란 댐에서 물을 흘려보내 전기를 만들기도 해요.

18쪽 빵은 밀로, 코코아는 카카오나무의 씨앗으로 만들어요.

공기 따라 떠나는 지구 탐험

22~23쪽 새는 공기가 있기 때문에 날아오를 수 있습니다.
공기가 날개 위아래로 흐르면서 새를 하늘로 밀어 올리지요.

26~27쪽 비버와 개구리와 거북이는 물 위에서 공기를 들이마시면 오랫동안 물속에서 견딜 수 있습니다.
연꽃은 물 위에 떠 있는 잎에 뚫린 작은 구멍으로 숨을 쉽니다.

28~29쪽 썩은 물고기 냄새가 나면 파리들이 몰려들지요.
스컹크는 고약한 냄새가 나는 액체를 쏘아서 적을 쫓아냅니다.
벌들은 더듬이로 냄새를 맡아요.

31쪽 메건은 거북이가 첨벙거리는 소리와 다람쥐가 재잘거리는 소리를 들을 수 있답니다.

32~33쪽 강, 호수, 바다에서 하늘로 올라갔던 수증기가 식어서 작은 물방울로 변하면 비나 눈이 되어 땅으로 떨어지지요.

34~35쪽 우주에서 날아와 지구를 둘러싼 공기에 부딪혀서 불타며 빛을 내는 물체를 별똥별이라고 합니다. 별똥별이 지구에 떨어진 것을 운석이라고 부르지요.

뜰에서 떠나는 시간 여행

42쪽 먼 옛날, 화산에서 흘러나온 용암이 식어서 바위가 되었습니다.

44~45쪽 생물이 죽어서 썩으면 흙이 됩니다. 작은 동물이나 세균들은 죽은 식물을 잘게 쪼개는 일을 합니다. 지렁이가 흙을 먹고 몸 밖으로 내보낼 때에도 식물들이 잘게 부서지지요. 지렁이의 몸에 들어갔다가 나오는 흙은 한 해에 수천 킬로그램이나 된답니다.

50~51쪽 메건과 제이미의 집 뒤뜰까지 큰 건물들이 들어찼습니다.
식물과 동물들은 어떻게 되었을까요?

52~53쪽 두 그림 속의 미래를 비교해 보세요.
여러분은 어떤 세상에 살고 싶나요?
자연을 지키려면 무엇을 해야 할까요?